_____ 님께

_____ 드림

20   .   .

사랑꽃 한아름

초판 1쇄 발행 2019년 10월 5일

지은이 김상수
펴낸이 장길수
펴낸곳 지식과감성#
출판등록 제2012-000081호

디자인 박예은
편집 이현, 박예은
교정 김혜련
마케팅 고은빛

주소 서울시 금천구 벚꽃로298 대륭포스트타워6차 1212호
전화 070-4651-3730~4
팩스 070-4325-7006
이메일 ksbookup@naver.com
홈페이지 www.knsbookup.com

ISBN 979-11-6275-798-7(03810)
값 12,000원

ⓒ 김상수 2019 Printed in Korea

잘못된 책은 구입하신 곳에서 바꾸어 드립니다.
이 책의 전부 또는 일부 내용을 재사용하려면 사전에 저작권자와 펴낸곳의 동의를 받아야 합니다.

이 도서의 국립중앙도서관 출판예정도서목록(CIP)은 서지정보유통지원시스템
홈페이지(http://seoji.nl.go.kr)와 국가자료공동목록시스템(http://www.nl.go.kr/kolisnet)에서
이용하실 수 있습니다. (CIP제어번호 : CIP2019036237)

 홈페이지 바로가기

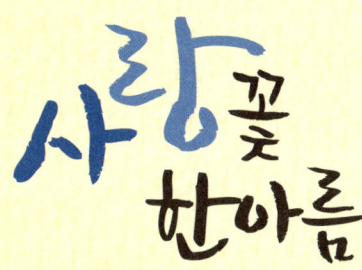

사랑꽃 한아름

김상수 지음

프롤로그

이순을 지나 종심으로 접어들 나이, 그럼에도 불구하고 나는 아직도 피 끓는 청춘이고 싶다. 살아온 날들이 옹골차지 못하고 쓸데없이 허비해 온 것 같은 허접스러운 과거에 대한 후회나 아쉬움일 수도 있다. 요즘 들어 그런 마음이 부쩍 더 드는 것은 아마도 흐르는 세월에 대한 보상심리도 깔려 있을 것이다.

처음부터 꼭 시집을 내겠다는 생각은 없었다.
여태껏 살아오면서 아이들에게 해 주고 싶은 이야기들이 몇 있었는데 나이 들어 하는 잔소리로 여길까 봐 시의 형식을 빌려 귀띔하듯이 해도 괜찮을 듯해서 시작했으나 점차 욕심이 생기고 내가 살아온 세월을 추억하고 세월 마디마다 정리해서 파일에 보관하듯 마무리하는 것도 좋겠다 싶어 이런 과오를 저지르게 된 게 아닌가 싶다.

사십여 년을 좋고 나쁜 일 함께 나누면서 살아온 사랑하는 아내 김 여사님, 그리고 집안의 꽃 미정이, 기둥인 태균이, 딸을 끔찍이도 위하는 사위 윤 서방, 예쁜 예비 며느리 다혜에게도 고마움과 감사의 인사를 전한다.

더군다나 시 서너 편을 읽어본 보석 같은 친구들의 적극적인 권유와 격려 덕분으로 책으로 엮는 분에 넘치는 과욕을 부리게 되었음을 솔직히 고백하지 않을 수 없다.

혹시 몇몇 시들이 내 정서나 기분의 하수구가 되었다면 독자 여러분께서 너그럽게 이해해 주시기를 바랄 뿐이다.

끝으로 정성껏 서평을 써 주신 여러분께도 감사의 인사를 전하고 싶다.

기해년 시월 초닷새

김 상 수

추천 글

*가나다 순입니다.

시인이 뜬금없이 쏟아내는 보리 밥풀떼기 같은 언어들이 나를 즐겁게 한다. 그는 절규할 줄도 모른다. 환호하지도 않는다. 화려한 표현으로 미혹하게 하지도 않는다. 그렇다고 누르고 감추는 미련함이나 음흉함도 없다. 아파도 좋아도 그저 미소 머금고 덤덤하게 풀어내고 있을 뿐이다. 비슷한 시대에 비슷한 인생을 살아서인가, 아니면 인간의 사는 방법이나 모습을 공감하게 해서인가. 읽을수록 빠져들 뿐이다.

김형수 동양미래대학교 명예교수

붓을 놓아도 탓할 수 없을 나이가 되었음에도, 시라고 하는 장르에 도전하고 무모(?)하게도 책까지 펴낸다는 것이 오히려 멋지고 신선하게 느껴집니다. 아직도 어느 누구도 이제부터는 마지막 인생을 살 것이라는 생각을 할 필요가 없다는 것을 새삼 느끼게 해 주는 한 권의 자서전적인 시작詩作의 시작始作이었습니다.

임승태 (사)한국지하수수질보전협회 회장
(사)한국맑은물보전협의회 회장

자식에게 전하는 〈작별인사〉를 읽고 이르지 않나 생각하면서도 어느덧 어색하지 않은 나이가 되었음에 공감합니다. 지나는 바람 소리와도 속삭일 수 있고, 누군가가 외로울 때는 따뜻하게 위로해 줄 수 있는 빛나는 별이 되겠다는 데서 시인의 섬세한 영혼을 느끼게 해 주는 지적 감성과 삶을 관조하는 시선에서 여유로움이 느껴집니다.

차형태 전 ㈜대한항공 시카고공항 지점장

끝없는 사색과 자아성찰이 시인의 나이 듦을 더욱 아름답고 빛나게 해 주는 게 아닐까. 이제까지 영상 언어에만 매몰되었던 나 또한 이 진솔한 시어를 통해 새로운 세상을 본다. 그가 온몸으로 말하는 이야기를 듣는다. '우리 모두 희미해진 스스로의 모습을 되찾고, 아름다운 세상 이야기꽃을 피우며 날자'고 하고 있지 않은가….

최병찬 전 kbs 프로듀서, 강릉방송국장

시인은 일기를 쓰듯 편지를 쓰듯 시인만의 언어로 때로는 속삭이고 때로는 수많은 감정들을 표출하기도 하고 조정하면서 이어가고 있다. 이 시를 읽음으로써 우리는 새삼 가족 간 사랑의 재발견, 중요함을 느끼게 되고 스쳐간 옛 추억도 너무나 소중하고 그리워지며 인생살이에 부딪히는 수많은 일도 이 시를 읽음으로서 술술 풀리는 느낌이 든다.

하태근 전 한국은행 선임 검사 역

차례

프롤로그 4
추천 글 6

1부
그리움 하나

그대 옆을 서성이며 12/ 마주 잡은 손 14/ 아침 무지개 15/ 녹음의 계절에 16/ 그리움 하나 18/ 사랑을 시작할 때 19/ 천사 20/ 숨기는 사랑 22/ 사랑하기 때문에 24/ 불씨 25/ 우연과 필연 26/ 삶을 위한 길 28/ 가을 뜨락 30/ 어려운 일 31/ 살아서 죽을 만큼 32/ 사랑에 대한 상념 34/ 질경이꽃 36/ 후회 38/ 왜냐하면 39/ 사랑의 반어법 40/ 사랑할 때 41/ 곁에 있어만 주세요 42/ 수학 공식 44/ 비 45/ 촛불 46/ 골고다 언덕 47

2부
소중한 인연

기원 50/ 오월 어느 날 52/ 만나고 싶은 사람 54/ 꽃은 꽃대로 56/ 사랑의 기도 58/ 어이하나 60/ 소중한 인연 62/ 사랑하는 딸에게 64/ 구애 66/ 새 가족을 맞으며 68/ 아들의 시계 70/ 소묘 72/ 고향길 74/ 축원 76/ 엄마 생각 78/ 사랑하는 형제 80/ 울릉도에서 82/ 먼 훗날 84/ 새해 소망 85/ 나를 사랑하는 법 86/ 작별 인사 88/ 사람은 종종 뒤늦게 철이 든다 92/ 나그네 인생 94/ 쌤에 대한 추억 96

3부
운무를 벗하며

사람 때문에 100/ 고장 난 시계 102/ 겨울 등나무 103/ 내 육신 이대로 땅 위에 두더라도 104/ 사랑한다면…… 106/ 슬픔과 기쁨의 미학 108/ 어디 없소 110/ 마음의 크기 111/ 일탈을 꿈꾸다 112/ 인생 114/ 이상한 일 115/ 생명은 슬프다 116/ 이제야 알았습니다 118/ 아무것도 아니어도 좋다 119/ 부탁합시다 120/ 자화상 121/ 나는…… 122/ 빛과 그림자 124/ 낚시 126/ 보이스 피싱 128/ 우정보다 좋은 130/ 가을과 겨울 사이 132

그대 옆을 서성이며
그대를 생각하면
그리운 마음
더욱 그리워집니다

1부
그리움 하나

그림 김상수

그대 옆을 서성이며

꿈속에서
그대 옆을 서성이다가
눈치 챌까 두려워
나무 뒤에 온몸 감추고
숨어버렸다

뒤돌아보는 그대가
너무 보고 싶어
흐느끼는 잠꼬대 소리에
꿈에서 깨어났다

그대 옆을 서성이는
그림자가 되느니

그대 고운 얼굴 어루만지는
순한 바람 되어라

차라리
그대 외로울 때
위로해 주는
빛나는 별이 되어라

그대 옆을 서성이며
그대를 생각하면
그리운 마음
더욱 그리워집니다

마주 잡은 손

쑥스러워 사랑한다는 말도
전하지 못한 그녀에게
가슴 떨면서 손을 잡았다
혹시 뿌리치면 어찌할까 몰라
망설임도 여러 차례다
그러나 그녀는 내 마음을 알기라도 하는 듯
다소곳이 모른 척 하고 있었다
그래 손을 잡는 일은 마음을 잡는 일이다

혹시 눈에 어릴지도 모르는
눈물을 닦아내기 부끄럽고 민망해서
눈은 마주치지 못했다
가슴에 묻어 둔 말 다 하지 못해도
하늘 가리는 구름 밀어내고
맑고 아름다운 노래 불러보자

원래 사랑은 손을 맞잡고 걸어가는 일이다
가슴 설레는 꿈 하나 하늘에 걸어 놓고
마음도 발맞추어 함께 걸어가는 여정이다

떨면서 잡은 가녀린 그녀의 손은
너무도 촉촉하고 따뜻했다

아침 무지개

어둠 걷어내고
금빛 햇살로 일어나는
찬란한 아침

이슬 맺혀 고인 샘에
갓 피어난 작은 무지개
올올이 아롱지며 차오르는
그대 영롱한 사랑의 여울

얼음장 같은 세월에도
쌀에 뉘 골라내듯
늘 숨겨진 아픔만 골라내어
따뜻하게 손 잡아주며
정성 다해 어루만지는
그대의 속 깊은 사랑

그대의 지치지 않는
아름다운 사랑이 모여
이슬 샘 감고 도는
아침 무지개 피웠는가

녹음의 계절에

녹음을 스쳐온 바람은
푸른 냄새가 난다는 걸 이제야 알았다
신이 창조한 색 중에서도 푸른색이
가장 걸작이라는 것도 이제사 알았다

늦은 오후
바람과 함께 숲속을 거닐면
온몸에서 주뼛주뼛 푸른 세포가 돋는다

산그늘도 천천히 걸어 나와
고운 음성으로 사랑의 밀어를 건넨다
속삭임은 언제나 다정하고 은밀하다
푸른 산그늘조차 그렇게 사랑스럽다

사랑할 대상이 따로 있고
사랑할 나이가 따로 있더냐
언제라도 세상 모든 만물 하나 되어
껴안고 뒹굴며 살아야지

정말로 큰 사랑은
날이 가고 달이 가서 조금씩 변한다 해도
종내 못 잊고 더욱 새롭게 태어나서

언제나 싱그러운 영혼으로 만나는
세상 만물과의 넓고도 깊은 교감

푸른 녹음의 계절에
작은 사랑으로 더 큰 사랑을 영접하기 위해
찬비 맞아도 좋은 푸른 나무로
가슴 열고 두 손 벌려 산속에 서 있다

그리움 하나

새들이 가슴에 알을 품고
새끼를 부화시키듯
나는 마음속에 그리움을 하나 안고
사랑을 부화시킵니다

씨 뿌리지 않아도
절로 나는 야생초처럼
안고 지니는 그리움 없이
절로 자라는 사랑이 있을까

창문 열면 불어오는 바람에도
카페에서 마시는 찻잔 속에도
그리움은 이 세상 모든 것에
오롯이 스며 있음을
알고나 계시는지

말이 없어도 손잡지 않아도
내 마음속에 안고 지니는
그리움 하나
향기 좋은 사랑 꽃피울 수 있도록
포근한 마음으로 감싸 안는
아름답고 순수한 사랑의 포옹

사랑을 시작할 때

새롭게 피는 꽃잎처럼
순수하게 맞이하는 사랑은
여리고 보드랍다
달팽이 더듬이같이
불면 꺼질 듯 만지면 사라질 듯
섬세하게 사랑하는 우리의 마음

사랑이
생소할 수도 때로는 아플 수도
있겠지만
익숙하다고 다 좋은 것이 아니듯
누구나 서툴고 아파도
사랑은 그 자체로 숨길 수 없는
아름다운 영혼

사랑의 크기는
그대에게로 향하는
절실하고 깨끗한 마음의 양이다
소중하게 간직하고
사랑한다면 죽어도 못 잊는
아낌없는
사랑을 하자

천사

천사를 만났다
날개는 보지 못했지만
날개를 숨긴 흔적을
선명하게 보았다

천사를 마주한 일은
이 세상 무엇과도 바꿀 수 없는
보람이고 의미이다
세상에 천사가 있다는 사실을
이 세상 사람 누가 알까
영원히 가슴속에 몰래 숨겨두는
나만의 비밀이다

조심스럽게 손 한 번
잡아보고 싶었지만
무례하여 민망할까 망설이며
숨죽여 바라보고만 있었다
이제는 모질고 거친 세월 살아가도
그의 존재만으로
모든 것이 밝아지고 새로워져
세상은 생기로 가득하다

비로소 용기 내어 조심스레
손을 내밀자
그는 정말 천사가 되어
푸르고 푸른 날개 돋았다
깃털 사이사이에
무지개 서리고
길고 긴 강물 흐르고 있었다

내가 천사를 만난 일
내 사는 동안
처음이자 마지막 기적이다

숨기는 사랑

달 없는 하늘이
그렇게 어둡지가 않다
아마 밤하늘이 완전히
구름에 가려도
달빛은 교교히 땅으로
스며드는 모양이다

아무리 감추려 해도
주머니 속의 송곳이
자꾸 옷을 헤집고 나오듯

달 없는 하늘인데도
나무 그루터기도
분명히 보이고
나뭇잎 스치는 소리도
선명하게 들린다

차라리
그대 사랑 숨기려거든
눈에도 보이지 않고
귀에도 들리지 않는
내가 잠자는
깜깜한 그믐밤에 오소서

우둔한 내가
모양도 소리도
전혀 알아채지 못하도록

아무도 모르게
혼자 몰래 왔다 가소서

사랑하기 때문에

장마의 끝자락인데도
비는 그칠 줄 모르고
계속 내립니다

사람에게 닥치는
속상하고 힘든 일에
장맛비처럼 쉴 틈도 없이
계속 부딪히는
잘못 하나 없는 그대

그대가 부딪히는
속상하고 힘든 일에
마지막 말을 삭여내지 못해도
나는 그대의 말을 다 포용하는
품 넓은
사람이 되겠습니다

내가 그대에게 바라는 것처럼
그대의 마음 이해하고
토닥거려주고 어루만져주고
싶기 때문입니다

불씨

화로에 불씨 하나 묻는 것은
새벽을 기다리기 위해서가 아니라
밀려오는 추위를 견디기 위함이듯
사랑한다는 것은
행복만을 위해서가 아니라
슬픔과 고통 사는 일의 번뇌까지도
함께 견딘다는 뜻이 아닐까

우리가 서로 사랑한다는 것은
떨어지는 빗소리에 젖는 풀잎처럼
햇볕에 온몸 맡기는 꽃잎처럼
자연스럽게 서로에게 순응하면서
사랑에 우리를 맡기자는 것은 아닐까
간혹 잘못한 일이 있으면
서로 용서하고 이해하고 잊으면서……

화로에 불씨 묻어 추위를 견디듯
가슴에 따뜻한 사랑의 불씨 묻어 두고
슬픔과 고통, 사는 일의 번뇌까지도
견디면서 즐겁게 노래 부르고
영원한 사랑의 불꽃 피워내는 일이다
피워서 지켜내는 일이다

우연과 필연

그대와 나 우리들 사이
그 인연은 우연일까 필연일까
우연을 필연으로 포장할 때도 있고
필연을 우연으로 가장假裝할 때도 있다

처음부터 우연과 필연으로
구분되는 것이 아니라
우리 가슴에 타오르는
불길에 달려있다

만나고 헤어지면서
인연이 만들어지지만
만남의 횟수나 기간으로 잴 게 아니라
얼마나 자신을 태울 수 있느냐가
인연의 가늠이다

나를 온전히 태우고 싶은 사람이면
그것은 필연이다
입으로 보내고 가슴으로 보내지 못하면
그것도 필연이다

필연은 굳이 불쏘시개 없이도
영혼으로 넉넉히 불타는 인연이며
세월이 흘러도 가슴 깊은 곳에
인두로 지진 듯 새겨지는 문신이다

그대와 나 우리들 사이
영원히 불타는 필연이면 좋겠다

삶을 위한 길

세상의 본질은 처음부터 아련한 슬픔이고
살아있는 것들은 끝없이 밀려오는 아픔이다

하루씩 사라지고
언젠가 모두 사라져야 하기 때문에
우리는 항상 이별을 준비한다
이별이 있기 때문에
우리가 지닌 슬픔과 아픔은 더없이
진정한 아름다움이다

그대는
너무 순수해서 더 슬프고 더 아프다
세상이 미안해하고 쑥스러워할 만큼
먼지 하나 묻지 않은 순수한 사람아
그대의 따뜻한 손길과 뜨거운 눈물로
자유롭고 평화로운 우리의 영혼을 위하여
신을 향해 기도하라

상처받을 수도, 이별이 올 수도 있겠지만
진정한 용기와 무한한 호기심으로
한 번도 사랑하지 않은 것처럼
세상에 살아 있는 모든 것들을 향하여
정열적으로 깊고 진한 사랑을 하라

타인을 위하여 진심으로 기뻐해주고
내가 남의 이해를 바라듯
나도 남을 이해하고 미움의 굴레와 속박에서
벗어나는 여유로움을 갖자

잘살고 못살고 배우고 못 배우고
잘났고 못났고 길고 짧고
아무것도 중요하지 않다
우리 모두 다르지만 옳고 그르지 아니하고
평등하지 않지만 함께 대등하다

세상의 모든 바탕은 슬픔이고
살아있는 온갖 생명은 아픔이다
사라지는 모든 것들을 위하여
열정을 다하여 내일 죽을 것처럼
눈물겹도록 충실하게 살고
진심으로 사랑하자

가을 뜨락

맑은 햇살
가슴에 품고
떨어지는 낙엽
가을 깊어지면
낙엽 겹겹 마다
뒤뜨락에 차곡차곡
함께 쌓이는 추억

곱게 지내도 밉게 지내도
만(萬) 날 살 것도 아니라
뒤뜨락 풍경이
이리도 포근하네요

만날 때 마다 이별하면서
언제가 마지막일지
가늠도 못하고
쉽게 손 흔드는 우리

남은 세월 세지 말고
포근한 가을 뒤뜨락에서
다정히
손 한 번 잡읍시다

어려운 일

죽지 못해 산다는 말이 있지만
기실 나에게도
사는 일은 어렵습니다

인연 따라 이루어지는 만남이겠지만
무심히 정드는 일은 어렵습니다

정주는 일도 어렵지만
엇갈린 길이 되어 헤어져야 하는
정은 더욱 어렵습디다

그리고
잊어야 하는 정은
정말 힘든 일이기도 합니다

함부로 정 주지 말고
준 정은 쉬이 거두지 말아야지요

죽지 못해 산다는 말이 있지만
나도
정 때문에 사는 일이 어렵데요

살아서 죽을 만큼

변하지만 않으면
좋은 사랑일까
변하지 말자는 언약은
변하지 않을까

세월이 흐르면서
사랑도 변해야 한다
향기 좋은 꽃을 피우고
알찬 열매도 맺어야 한다
벌과 나비도 포용하고
어둡고 힘든 밤에는
별빛과 달빛도
쉬어가게 해야 한다

밤과 낮이 바뀔수록
눈에는 보이지 않아도
사소한 언행에 담긴
커다란 마음 찾을 수 있도록
서로 밝은 등 하나
달아야 할 일이다

멈춰 서서 시들지 말고
하늘보다 더 높게
바다보다 더 넓게
서로에게 가슴 열어주면서
살아서 죽을 만큼
사랑하면서 살아가자

변하지 말자는 말은
그냥 처음 그대로
사랑도 그만큼만 하고
말자는 것이다

사랑에 대한 상념

나는 참 사랑을 찾아내기 위해
세상 이 거리 저 거리를
부지런히 헤매고 다닌다
그러다 떨어져 나뒹굴고 있는 추억을
줍기도 하고
간혹 허접한 시를 캐내기도 하지만
그것은 내가 찾는 것이 아니다

소리 내어 불러도 보고
땅 속 깊이 귀대고 기다려 보아도
마른 나무 가지에 걸려 있는
별빛만 처량할 뿐
누구도 범접하지 못하는 순수하고
죽어서도 마음 거두지 못하는 진실한
사랑은 아직도 찾아 내지 못했다

내가 찾는 사랑은
살아서도 이루어지는 사랑일까
세상에 존재하지 않는 미몽迷夢일까

내 영혼에 날개 돋아
푸른 하늘 날아오를 때

그 때라도 잠시
사랑하는 그대여 광대한 창공에서
비상하는 그대를 만날 수 있을까

오늘도 몰려오는 상념을 떨쳐내기 위해
세상의 거리를 하염없이 걷고 걷는다

질경이꽃

산길에서
돌밭에서
기름진 옥토 외면하고
척박한 대지에서
스스로 인내심을 발휘하며
굳건히 잘도 피었다
질경이꽃

거친 땅에 깊게 뿌리내려
이제는 어지간한 풍상에는
흔들림도 없구나

결연한 의지로
무너지는 하늘 떠받치고 있는
그대의 가녀린 손
두 손 멍들고 아파도
큰 보람으로 기쁨으로
버티며 서 있다

뜨거운 열병으로
몸져눕는 한이 있어도
만신창이 몸으로

쓰러지는 일이 있어도
어렵고 힘들게 뿌리 내려
몸 낮추고 마음 낮추어 가면서
질기고 곱게 꽃피우는
질경이 꽃

내 인연 사랑하리
내 그대를 사랑하리

후회

그대
엉킨 마음
풀 수만 있다면

내 잘못
꿇어 앉아
잠시 파리 손 되어
빌고 싶습니다

왜냐하면

나는 당신을 갖고 싶다는 말을
하지 못한다
사람은 갖는 것이 아니고
옆에서 지켜주어야 하기 때문에

나는 당신을 사랑한다는 말을
굳이 하지 않는다
진정한 사랑은 말하지 않아도
충분히 느낄 수 있기 때문에

나는 당신을 위해 죽을 수 있다는
말도 하지 못한다
혹시 내가 죽을까 봐
괜한 걱정을 할 수도 있기 때문에

사랑은 그냥 묵묵히
실천하는 일이다

사랑의 반어법

'시간 없어' 라는 말은
더 배려해 달라는 말이고

'미워' 라는 말은
더 관심 가져 달라는 말이고

'헤어지자' 라는 말은
진심으로 가슴 깊이
더 사랑받고 싶다는 말이다

사랑할 때

누구나 말을 할 때
긴장되고 목소리가 떨리는 것은
말을 잘하고 싶은 욕심 때문입니다

그러나
내가 당신을 사랑한다고
말하지 못하고 망설이는 것은
사랑을 잘하고 싶은 욕심 때문이 아니라
혹시 미흡하고 서툰 고백으로
미움 받을까 하는
두려움 때문입니다

곁에 있어만 주세요

그대는 나를 다 알고 이해한다고 하지만
정녕 어느 누구도 서로 다 알지 못하고
이해하지 못합니다
어떤 사람을 다 알고 이해한다는 것은
거짓말이거나 불가능하기 때문입니다

내가 울 때 함께 울지 않아도 됩니다
그저 담담히 지켜봐주시고
말없이 곁에 있어만 주세요
정녕 마음이 아프면 어깨 어루만지며
부드럽게 손 한 번 잡아 주세요

우리는 서로 똑 같아질 수 없고
스스로 생각하고 느끼며 살아가는 것
나무들이 알고 이해한다고 말하지 않아도
서로 숲을 이루며 살아가듯이
우리도 다 알고 이해하지 못해도
어울려서 사랑하며 살아갑니다

온전히 나를 다 알고 이해한다면
오히려 더 부끄럽고 수치스러워
그대를 원망할 수도 있겠지요

혼자 아픔에서 벗어날 때 까지
곁에서 조금만 기다려주세요
그것만으로도
나를 충분히 알고 다 이해한 것이니까요
넉넉하고 풍부한 사랑이니까요

수학 공식

어디서 본 이상한 수학 공식

100−1=0, 100+1=∞

하나를 빼앗으면 전부를 빼앗기고
하나를 주면 전부를 얻는다

그대에게는
하나도 받지 않고
전부를 주고 싶다

비

어떤 님 떠났기에
천 갈래 만 갈래 산발을 하고
늦은 밤 가로등 밑에서
흐느끼며 우는 걸까

행여 떠난 님 돌아올까 싶어
님 다니신 거리마다 골목마다
이렇게 정결히 씻어 내리는 걸까

사랑은 추억이라는 데
떠나고 남은 흔적이라도
아름답게 간직하기 위해
이토록 흥건히 내리나 보다

얼마나 절절한 사랑이였기에
보는 이의 가슴까지 아프게
서럽고 애절한 눈물로
하염없이 흘러내리는 걸까

촛불

순백의 올곧은 육신으로
어둠 짙은 세상에서
숭고하게 불사르는 장엄한 헌신
오히려 처연한 노을빛으로 타는
담홍색 붉은 꽃이여

자신을 위해서
찬미하는 기도가 아니라
오로지 그대를 위해서
스스로를 태우며 온몸으로
봉헌 드리는 순수한 사랑
전신에 스미는 고통 참으며
사랑에의 결연한 의지는
순명으로 닿는
눈부신 꽃망울이어라

그대 어둠 걷히기를 묵상하며
기꺼이 분신하여 바치는 은혜
언제나 가득한 은총 있기를
어디서나 크고 큰 사랑 있기를
한 올 한 올 빛마다 소망 담아 타는
아름다운 불꽃이여

골고다 언덕

인류의 명에 대신 짊어지고
그믐 같은 세상 가득한 빛으로
하늘 영접하여 구원으로 받드는
위대한 메시아

가시에 묻어난 전신의 살점마다
순명하여 드리는 봉헌

아하스 페르츠는 죽어도
알 수 없는 일

그리스도의 임종기도는
하느님께 바치는
영원한 사랑의 화친

탕녀에서 돌아온 막달라 마리아
뼈 속까지 차오르는
위대한 사랑으로 하늘을 향해
울고 또 울었다

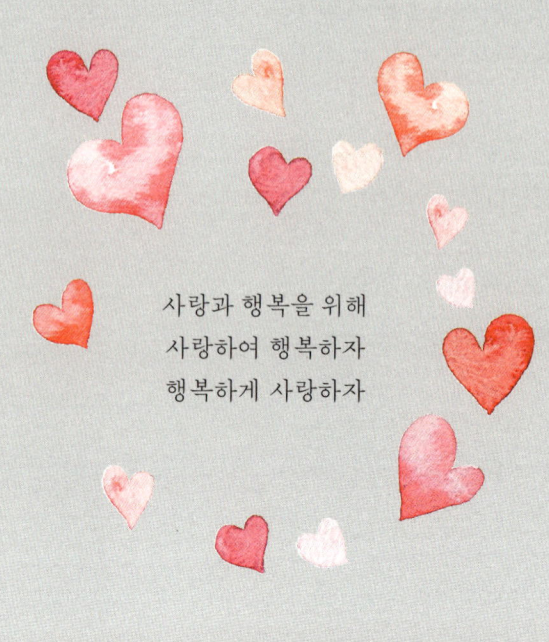

2부
소중한 인연

그림 김상수

기원

언제나 무지갯빛 일렁거리며
세상을 아름답게 만들던 소녀는
어떤 세월을 살아왔을까

다시 돌아갈 수 없는
어린 시절의 천진스러운 추억은
가물가물한 기억의 한 모서리에서
아스라이 물안개로 피어나고

처녀 적 설익은 꿈들은
한 시절 서툴고 철없는 사랑으로
멀고 험한 길 돌고 돌아온
물길처럼 아득하다

바람 따라 구름 따라
함께 흘러서
흰머리에 주름 잡힌 얼굴에는
살아온 세월이 묻어난다

옹골차게 살지 못한 날들
담담히 이별하고
시리고 허한 가슴 온전히 치유하여

머리 결이 곱던 소녀야
이제는 꽃잎으로 집을 짓고
아기 웃음소리 같은
맑고 고운 목소리로
아름다운 사랑의 노래만
부르면 좋겠구나

오월 어느 날

눈꽃 같은 아카시아 꽃잎이
수북이 쌓여있는
오솔길을 거닐면서
불현듯 생각난 소중한 기억

어버이 날 유치원생이던
딸아이가 앞가슴에 달아주던
색종이 카네이션

생일 날 초등학생
아들 녀석이 삐뚤빼뚤 글씨로 건넨
도화지 편지
그저 아련하고 귀중한 추억일 뿐

아카시아 꽃잎이 나무에서 떨어지듯
이제는 홀연히 품에서 떠나는 자식들
안타깝다는 생각도 하지 말고
서운하다는 마음도 갖지 말자
그저 담담히 멀어지는
뒷모습을 바라보며

언제나 안녕하고 행복하기를
애오라지 두 손 모아
기도하며 비는 일이다
그것만이 자식을 위해
내가 할 수 있는 마지막 일이다

오월 햇살에도 녹지 않는
아카시아 꽃향기가
토닥토닥 내 어깨를 다독이며
길 끝까지 배웅해주었다

만나고 싶은 사람

첫사랑의 추억을 갖지 않은 이 없듯이
나에게도 다시 만나고 싶은 사람이 있다

내 나이 이십 세 겨울 초입에
청바지가 잘 어울리고 커트머리가 멋진
대접같이 큰마음을 지닌
눈망울 초롱초롱한 소녀를 만났다
명랑하게 웃는 웃음소리에 내 마음 빼앗겼지만
숫기 없는 나는 아주 오랫동안
손도 잡지 못했다

이듬 해 늦은 봄날
떡갈나무 숲이 깊고 뻐꾸기 소리가
몰래 훔쳐보는 어느 계곡에서
우리는 첫 입맞춤을 했다
달지도 황홀하지도 않았고
그저 가슴만 두근거리는 떨림 뿐
겸연쩍어 반짝이는 계곡 물소리를 툴툴 털고
우리는 아무 일 없었던 것처럼 일어섰다

어느 신이 시공을 초월해서 단 한 사람
다시 만날 수 있는 기적을 내려준다면

첫사랑 그 소녀를 만나 꼭 해주고 싶은 말 한마디
'부디 착하고 좋은 사람 만나 이 아름다운 세상
편하고 행복하게 잘 살아달라고……'
간절한 소망 담아 부탁하고 싶다

지금은 하루하루 세월과 싸우며
멋지던 커트머리 백발이 되고
초롱초롱했던 눈은 백내장 수술한 할머니가 되어
여태껏 초라한 내 옆을 지키고 있음이
안타깝고 미안하다

세상살이 괴롭고 힘들어
참 가슴 아프게도 속상하게도 많이 했다
끝이 좋으면 다 좋다는데
이제 남은 세월 끝까지 있는 힘을 다해
그대가 좋아하는 일 많이 하고
싫어하는 일 더 적게 하기를 진심으로 다짐한다

사랑하는 그대여!!!
사랑하는 그대여!!!

꽃은 꽃대로

손닿지 않는 강 언덕에
꿈에서만 보았던 신비한 꽃이 피었다
내 가슴속에 생생하게 피어난 그 꽃
꺾어 가질 수도
모른 채 지나칠 수도 없다

꽃을 가져야 한다는 생각
꿈처럼 잊어야 한다는 생각
어느 것 하나 쉽지 않은 일
혼란스러운 마음으로 지새우는
하얀 밤이 원망스럽다

꽃은 꽃대로
아름다운 체온과 목소리
상처 하나 없이 영원히
온전한 생명 지킬 수 있도록
해야 할 일이다

내 가슴에 새겨진 신비한 꽃
차라리 내가
강 언덕에 두 발 뿌리내려서
어둠 짙어지고 비바람 몰아쳐도

벌거벗은 온몸으로 처절히 막아내고
세상에 없는 꽃향기 영원히 지키며
죽어서도 아름다운
노래 부르리라

사랑의 기도

아무래도
희나리로만 태운 것 같은
지나온 세월

그 어느 세월 열어 보아도
매운 연기만 가득한
희뿌연 하늘입니다

오직 그대가 용서해 주어야
치유될 수 있는
눈 아려오는 따가운 아픔

혹시 그대에게
잠시라도 미워했던 일이나
무거운 짐이 되었던 일이 생각나면
쉽게 잊게 하시고
오직 내가
그에게 작은 웃음이라도 짓게 했던 일과
조금이라도 사랑했던 일만
언제나 기억나게 하소서

앞으로 다가올 남은 세월은
나의 모든 노래와 눈물조차도
오직 그를 위한
사랑의 기도 되게 하소서

열 손가락 열 배 쯤 세월
고통과 사랑으로 인해
더욱 아름다워지는 한 줄 시처럼
이제는
아름답고 영원한 사랑이게 하소서

어이하나

어이하나
갈 길은 멀고 날은 저문데
우리 사랑
어이하나

못난 이 놈 만나
끔찍하게 고생만 하고
이슬 피할 자리 하나
보아둔 곳 없이
칠흑 같은 밤은 오는데
우리 사랑
어이하나

지나온 길 돌아보면
검불 같은 우리사랑
안타깝고 죄스러워서
볼 면목이 어디 있나

살아온 길
후회막급이라
통곡해도 소용없어
어이하나 우리 사랑

처음 수작 걸던
내가 죄인이라
천벌 받아 마땅한 그 죄를
차마 어이하나

뉘우치고 용서 빌어도
속절없이 흘러가버린 세월을
하늘인들 어이하리

소중한 인연

못 입고 못 먹고 못 살아도
이 세상에서 아무도 못한 일
나만이 했던 일이 딱 하나 있다
내가 이 세상 태어나서
가장 잘한 일이기도 하다

안목 하나는 있어
너희 엄마를 알게 되어
너희를 만난 일이다
혹 너희 엄마가 아니라
다른 사람을 알았다면
지금 내가 사랑하는 너희들은
어디에 있을까

못난 애비를
탓하거나 원망스러운 일이
있을지 모르지만
사랑하는 방법이나
표현이 서툰 것이
그렇게 죽을죄는 아닐진저
운명이나 숙명이라 생각해다오

사랑이 없는 곳에 행복이 없고
행복을 동반하지 않는 사랑은
공허한 것에 지나지 않는다

세상에 단 하나뿐인 우리 인연
사랑과 행복을 위해
사랑하여 행복하자
행복하게 사랑하자

사랑하는 딸에게

사람들이 자식을 사랑하는 것이야말로
보통의 마음이겠지만
내 딸은 주지 못한 사랑이 너무 많아
안쓰럽고 미안해서
남들보다 몇 곱절 더 예뻐한다

사는 일이 뭐 그렇게 유별나다고
크고 작은 정 주고받지 못하고
어느 시기에 나는 해외 현장으로
어느 때는 너의 유학과 결혼 생활로
평생 십오 년도 채 살 맞대고 살지 못했다

피아노 소리처럼 경쾌한 목소리로 반기던 음성
별빛처럼 반짝이던 애정 어린 너의 눈빛

서럽고 아픈 부녀지간의 애끓는 정은
흐른 세월 부둥켜안고 가슴에 맺혀있더라
그렇게 까맣게 눌러 붙어있더라
예쁜 손주 낳고 그럭저럭 잘 살고 있으니
마음은 놓이지만 그래도 보고 싶은 마음이야
어디 나쁘이랴

슬픔과 괴로움이 없다면
어찌 그것이 삶이냐 하겠지만
살 대고 살지 못한 아픔보다
더 큰 슬픔과 괴로움이 어디 있을까 보냐

우리는 흐르는 세월에 떠밀려
어디를 가는지도 모르고 여기까지 왔지만
왜 그렇게 왔냐고 묻지는 말자

내 기억은 너의 중학교 교복 시절에
머물러 있는데
너는 벌써 이럭저럭 서른 중반을 넘긴
중년이 되었구나

천지신명께 비옵나니
아쉽고 아깝게 흐른 세월 탓하지 말고
우리 딸 부디부디 행복하고
건강하게 살게 하소서

정말 사랑하는 내 딸아
이름 부르기도 아까운 내 딸아
하늘이 열어준 소중한 우리 인연
하늘이 닫힐 때까지
영원히 기억하고 사랑하면서 살아가자

구애

일 년 전부터
한 소녀를 사랑하기 시작했다
일주일에 서너 번 넘게
페이스톡을 하면서
끈질기게 구애했다

그 소녀는
때로는 무표정하게
어떤 때는 시무룩하게
간혹 엷은 미소로 응대해 주었다

그러나 지치지 않고 끈질기게
나의 구애는 계속되었다
드디어 오늘 천사 같은 맑은 웃음을
나에게 보내주었다
분명 나에게 보내는
확실한 사랑의 웃음이었다
비로소 나를 마음에 새기면서
기억해 가는 모양이다

사랑은 기억하는 것이라는데
기억하면서 나를 조금씩

사랑해 줄 수 있으려나
막 시작하는 새로운 사랑으로
콧등이 시큰하고
이렇게 가슴 벅차다

그 소녀는 막 돌 지난 호주에 사는
나의 손녀다

-손녀의 첫 돌에 부쳐

새 가족을 맞으며

서너 번
밖에서 만난 예비 며느리를 집으로 초대했다
상견례도 했고 혼인날짜도 정해졌으니
예비 며느리라 해도 전혀 어색하지 않다

한 사람을 가족으로 맞이하는 일은
우주 저 멀리서 오는 샛별을
맞이하는 것과 흡사하다
예비 며느리를 맞이하는 채비는 몹시 분주했다
아내는 거의 두 달 여 동안 쉬엄쉬엄
집안을 정리정돈 했다
보이지 않는 먼지는 왜 닦느냐 물으니
'마음을 닦는 일'이라며 웃고 만다

나도 사역을 단단히 했다
베란다에 숨어 있던 책도 무수히 버리고
잘 입지 않는 옷장의 옷도 엄청 버렸다
베란다에도 옷장에도 빛이 스며들었다
새로 맞이하는 예비 며느리가
빛과 함께 오는 모양이다

아기야!!
다른 먼 곳에 있는 행복을 찾지 말고
우리가 있는 이 자리를 행복의
시간과 공간으로 가꾸어 나가고
성공한 삶에 연연하지 말고
가치 있고 보람 있는 삶을 살자

아기야!!
시간이 가고 세월이 흘러도
언제나 멋지고 아름다운 생활 될 수 있도록
꿈꾸며 노래하자

이제 가족이라는 이름으로
가정이라는 바구니 안에
사랑도 행복도 가득 담아내자

먼 우주에서 낯선 길 돌고 돌아 이렇게
가족이라는 어마어마한 인연으로 만나는
샛별 같은 아기야

정성스럽고 기쁜 마음으로
우주의 가장 아름다운 샛별 하나를
우리는 따뜻한 가슴으로 포옹했다

아들의 시계

아들이 차던 시계를 버렸다
건전지가 없는지 혹은 고장이 났는지
시계는 멈춰 서 있다

아내는 아들이 버린 시계를 챙기는 나에게
별나다는 듯 힐긋 쳐다본다

시계포에서 건전지를
갈고 나니 초침이 움직이고
시계가 살아났다

내가 차고 있는 시계가 없는 것도 아니고
아들 시계보다 싸구려도 아니다

그러나 나는 아들 시계를 차기 시작했다

아들이 차던 시계에서
아들 손목에 있던
따뜻한 체온과
살아 뛰는 맥박을
내 가슴으로 느끼고 싶어서이다

그리고
혹시 내 작은 숨결이라도 전해지기를
바라도 본다

내 시계를 고이 차고 다닐 사람은
어디에 있을까

소묘

귀밑머리 올리는 날
동녘 하늘도 밝기 전
앞산 뒷산 모두 마음 설레어
잠 설치며 깨어났다

동네 복실이도
꼬리 흔들며 분주하게 나대고

가을 햇살 좋으면
얼씨구 좋다고
풍년들어 혼인해서 잘 산다고
잔치 떡도 푸짐했다

꽃가마 탄 신행(新行)신부
너무 부끄러워
시집 들녘 구경하기에는
경황이 없었소

산천경계 좋을시고
동네 인심 후하니
신접살림 더욱 좋을시고

부부금슬 하도 좋아
어화 둥둥 내 사랑 좋을시고
어화 간간 내 사랑이로세

고향길

초겨울 같은 구월상달
밤길 걷는 발이 시린데
청아한 달빛 불러놓고
귀뚜라미 놀고 있다

기러기 울음소리에
밤은 더 깊어가고
사공 없는 줄배 건너고도
고향은 아득하다

실타래처럼 길고 긴
둑길을 따라 걸어가면
강 포플러
은빛 잎사귀 노래 소리
밤하늘 가득한데

이제껏 사랑을 속삭이던
들국화 송이들도
무서리 걷어내고
밤 깊어 자리에 들었다

싸립문 열고
고향집 들어서면
걸어온 길 멀고멀어도
어머니 얼굴
환하게 펴진다

축원

솟대 위
손 없는 나무 기러기는
무얼 애원하며
보이지도 않는 까만 눈으로
하염없이 먼 산만
바라보나

새벽녘
정한수 떠놓고
허리 굽실거리며
두 손 모아 빌고 빌던
복화술 같은 어머니의 기도문
그 뜻이 무엇인지
하늘 문 열고 여쭙지 않아도
이젠 사진 찍은 듯
훤히 알 수 있는
애절한 축원

나도 자식 낳고 살다 보니
알아듣지 못한 그 축원
정한수만 없을 뿐
그 시절 어머니 마음 그대로
빌고 또 비는 게 아닐까

솟대 위 기러기
어미 곁을 떠난 새끼 기러기
탈 없이 무사히 돌아오기를
두 손 모아 빌 수 없어
애절하게 먼 산 바라보며
머리만 조아리나

엄마 생각

마디 없는 세월인 줄 알았더니
어머니 세상 떠나신 지 벌써 십 여 년이 되었다
어머니 낳으신 할아버지 할머니
깊은 산골에 모양 없는 비석으로 처연히 계시면서
맏딸 한평생 풍상에도 아무런 표정 없이
무덤가 할미꽃으로 세월만 굽어보셨네

연지 찍고 곤지 찍어 귀밑머리 올리던 날
아낙네들 침 묻은 손가락으로 장지문을 뚫어
관솔불 호롱에 그림자 흔들릴 때
이 세상 한평생 힘들게 사실 줄도 모르고
그냥 처녀 총각 만나는 설렘인 줄만 알았겠지요

오남매 낳고도 자식다운 자식 하나 없어도
내 자식 빗나가 남의 발밑에 설움 받을까 봐
추위에 끌어안는 화롯불처럼
모자라도 품어 안는 내 새끼 사랑

처녀 가슴 설레던 낙동강 강바람이
세상풍파에 거친 바람으로 몰아쳐도
힘에 겨운 짐, 한 번 내린 적 없다네

자식들이 장성하였다 하나
품안에 자식이라
적당한 말 발림으로 효도를 약속하지만
내 다 알지 다 알어 너희 생활 쪼들리고 궁핍한 것
처음부터 기대한 것도 아니었으니
오히려 내 한 몸 짐 될까 몸 사리고
먼발치에서 축원하며 여명 트는 아침을 본다

마디 없는 세월인 줄 알았더니
눈에 넣어도 아프지 않을 너희들 떠나온 지 십여 년
거친 바람이 먼저 달려와 가슴 시리게 할까 봐
가루된 백골로 허허벌판 한 바퀴 휙 돌아서
마른 삭정이 끝에 치마 걸어 바람막이로 머문다

너희는 아느냐
이 모질고 질긴 인연의 사슬을
아직도 놓지 못하는 이 애미의 안타까운 심정을……

사랑하는 형제

오남매 중 맏이로 태어나 귀여움도 받았을 것이다. 그리고 부모님께서는 맏이에게 어떤 기대도 했을 것이다. 장남이 제대로 중심을 잡아야 집안이 편안하고 질서가 선다고 부모님께서 자주 말씀하셨던 터이다.

애들이 부르는 호칭으로 밑으로 큰 고모 작은 고모 그리고 큰 삼촌 막내 삼촌이 나의 피붙이들이다. 우리 어린 시절에는 다들 어렵게 살긴 했지만 유독 우리는 아버지의 넘치는 주량으로 모두 마음고생이 심했다.

큰 고모는 과묵한 편이지만 숨겨놓은 애교도 많고 두 아들 다 출가시키고 그저 평범하게 잘 살고 있다. 작은 고모는 엄마를 제일 많이 닮아 잔정이 제일 많다. 우리 가족모임의 회장이자 총무 역할을 하는 마당발이다. 그러나 작은 고모를 생각하면 언제나 마음이 짠하다. 큰삼촌은 뭐가 그렇게 바빴는지 벌써 하늘나라로 간 지 십여 년이 훨씬 넘었다. 제수씨에게는 항상 미안하고 가슴이 찡하다. 막내 삼촌은 아직도 막내 티가 나는 역시 막내 삼촌이다. 아들 둘 두고 행복하게 잘 살고 있어 참 다행이다.

우리는 관혼상제 외 일 년에 두 번 가족모임을 한다. 서로 떨어져 살아 그렇게라도 하지 않으면 만나기조차 어려울 수도 있겠다 싶어서이다. 맏이가 시원찮아도 부모님 말씀대로 그런대로 편안하고 질서가 있다고 하면 자화자찬일까 자랑일까.

피붙이 형제들아.
부모님 다 하늘나라에 계시니 우리 모두 부모 없는 고아신세라 우리 고아들끼리라도 연락 자주하고 남은 세월 한 두 방에서 살 대며 살던 때 추억하면서 서로 부둥켜안고 사랑하면서 살자.

사랑한다, 나의 형제들.
사랑합니다, 우리 매제와 제수씨들.

울릉도에서

세상이 싫어 먼 바다에
둥지 튼 울릉도
나도 지나가는 세월이 힘들어
울릉도로 왔다

느지막이 어구를 챙겨
출어하는 마지막 어선을 타고
넓은 바다로 떠난다

거친 파도를 감내하며
바다에 낚시 드리우면
검은 바다를 밝히는 집어등의
외로움처럼 깊은 동해 바다만큼
깊어지는 심해의 고독
하룻밤이 긴 세월로 펼쳐 흐르고
나도 그 세월에 몸 맡기고
따라 흐른다

거친 파도에 순응하면서
삶의 무게 들어내고
조금은 넓고 부드러워진 마음
격랑의 세월 담담히 이겨내고
새로운 아침을 맞이할 수 있으리니

성인봉 깊은 골 바라보며
편안한 마음으로 귀항하여
섬 자욱한 잣나무 향기로
가누지 못한 지친 몸 추스르고
지나는 세월에 묻어 있던
욕심도 원망도 바다에 풀어내니
그대의 맑고 고운 영혼
푸른 바다 새벽안개로 피어난다

먼 훗날

공연이 끝난 무대
떨어진 꽃잎
심연 깊이 웅크리고 있는 허기진 외로움
누구나 아리고 슬픈 마음
가슴 가득 품고 있습니다

처절함에도 피어나는 아름다움이 있고
애절함에도 묻어나는 그리움이 있듯이

움츠려 구겨진 가슴 풀어낼 수 있도록
바람결에도 흔들리지 않는 쪽빛 하늘같은
그대 마음 보여주세요
사랑의 새벽을 넉넉히 펼쳐주세요

먼 훗날
처절한 아름다움이 될 수 있도록
애절한 그리움이 될 수 있도록
나도 움츠려 구겨진 가슴 풀어낼게요

새해 소망

기해년 첫 날
더 새로운 각오로 살 것을
다짐해봅니다

왜냐하면
내가 맞이할 새해가
몇 해 남지 않은 것 같아
더욱 소중하게
느껴지기 때문이지요

멀지 않은 어느 새해에는
허허롭게 흩어진 구름처럼
자취 없이 사라진 바람처럼
떠나버린 인연 되겠지요

사랑도 할 줄 모르는 나에게
사랑법 조금 익힐 수 있도록
구름 속에 이는 바람
서둘러 불지 않기를
간절히 소망합니다.

나를 사랑하는 법

관객도 눈 돌린 무대에서
벌어지는 꼴사나운 일인 가면극

좋은 사람으로 보이기 위해
잘난 사람으로 비치기 위해
가면을 눌러 쓰고 희희낙락
오늘도 쉬지 않고 춤을 춘다

무대 뒤 어느 엄밀한 곳에
아무도 몰래 나를 숨겨놓아도
슬금슬금 베어 나오는
나쁘고 못난 사람의 체취

있는 그대로가 나인데
가면을 나로 알고
시궁창의 생쥐처럼
겁 없이 살아왔다

좋은 사람 잘난 사람
낡고 덧칠한 탈을 벗고
나쁘고 못나도

겸연쩍게 헛웃음 한 번 치고
콧김만큼이라도
나를 사랑하며 살고 싶다

사.랑.하.며......
살.고.싶.다.

작별 인사

심장마비로 갑자기 떠난 친한 친구의
장례식장을 다녀오면서 가만히 생각해 보니
나도 아무 말 하지 못하고 서둘러 떠날 수도
있을 것 같아 미리 여유 있게 작별 인사를
차분히 전하고자 한다
너무 흔하고 빤하게 살아와 별로 할 말도
전할 이야기도 그리 많지 않은 것 같다

부고는 내지 않는 게 좋겠다
지금까지도 여러 사람에게 폐 끼치며 살아왔는데
마지막 가는 길 까지 부담주고 싶지는 않구나
그저 가족끼리 조촐하고 소박하고 간단한
애도면 족할 듯하다

그리고 한줌 재로 흩어질 몸이니
내 몸 필요한 사람 있으면 기증하거라
그게 이 세상 와서 빚지고 과분하게 받은 은혜
조금이라도 갚는 게 도리가 아닌가 싶다

남매가 서로 멀리 떨어져 있어 자주 만나지
못하더라도 전화 연락이라도 수시로 하면 좋겠다
기회 만들어 자주 만날 수 있도록 노력도 하고...

혹시 누가 어려움에 처하면 서로 정성을 다해
힘이 되어 주는 우애 있는 남매가 되기를 소망한다

밉든 곱든 그래도 제일 슬프고 가슴 아파할 사람은
너희 엄마이려니 진심으로 위로해 드리고
자주 자주 안부 여쭙고 건강 챙겨드리도록 하거라
남겨진 엄마에게 최선을 다해 효도하기를 바란다
효도란 어려운 게 아니고 자주 찾아뵙는 것이
최고의 효도라는 생각이 든다

잘한 일은 하나 있는 것 같다
남겨놓은 재산이나 숨겨놓은 보물은 없으니
미안하지만 남매끼리 유산 싸움은 안할 것이라
오히려 마음이 놓이는구나

혹 서러워지면 잠시 눈감고 참아 내거라
무심히 이 세상 홀연히 떠난 사람 한 시 빨리 잊고
아무렇지도 않은 듯 평상시처럼 모두 즐겁고
행복한 일상으로 쉬이 돌아가기를 바란다

너희들과 이 세상에서 정말 귀한 인연 맺게 해주신
천지신명께 진심으로 고마움과 감사의 예를 올린다

마지막으로 혹시
나에게 아쉽거나 서운한 감정이 조금이라도 있으면

이해하고 너그럽게 용서해다오
아름답고 감동스러운 추억 함께 한 너희들에게
다시 한 번 더 애절하게 작별 인사 전한다

서둘러 떠난다 해도 크게 할 이야기도
남길 말도 없으나 이렇게 마지막 인사를 전하니
무거운 짐을 벗은 듯 홀가분하다
모두 건강하고 행복한 일생 되기를 염원한다

너희 엄마에게는 너무 미안하고 죄스러워
마지막 작별 인사조차 제대로 전하지 못하고
찢어져 너덜너덜 헤어신 마음 가슴에 묻고
바람처럼 몰래 소리 없이 가련다

중언부언 쓸데없는 말 만 많이 해서 미안하다
내 사랑한 애들아
부디 부디 건강하고 행복하여라

-내 사랑하는 자식들에게

사람은 종종 뒤늦게 철이 든다

부모님께 정성 드려 효도하고 싶었다
언제나 살갑게 대하는 사랑스러운 자식이고 싶었다
아버지 돌아가신 연세보다 내 나이 더 많은 이때
잘해 드린 추억은 없고 소홀했던 기억만 가득하다
어머니 이빨 아프실 때 치과에 한 번 모셔가지도 못하고
얼마 되지 않는 경비만 드린 불효자다
내 이빨 아프면 뻔질나게 치과에 드나드는 나쁜 놈이다

아내에겐 자랑스러운 남편이자
자식들에겐 다정한 아비이고 싶었다
말투가 거칠고 사랑을 표현하는 방식이 서툴러
나는 속상했고 속마음 뒤집어 보일 수 없어 답답했다
아내는 나이 들어가고 자식은 장성하여 품을 떠나는데
표현하지 못한 내 마음은 어디서 떠돌다 바람이 될까

친구들에게는 멋진 놈이고 싶었다
모자라면 나누고 괴로우면 위로하고 슬프면 같이 울고
관포지교 같은 우정을 나누는 친구이고 싶었다
그렇게 살고 싶었는데 사는 일이 팍팍하여
모른 체하고 살아 후회되고 부끄럽다

그러나 사람은 종종 뒤늦게 철이 들 수도 있지

하늘에 계신 부모님께는 하늘에서 효도 약속드리고
이제부터라도 가족과 내 아는 모든 이들에게
지금 여기서 감사하고 지금 여기서 사랑하고
지금 여기서 배려하기를 다짐해 본다
우리가 만나는 시간과 장소가 서로 달라
효도도 사랑도 우정도 그때마다 최선을 다하면
작은 행복이라도 함께 느낄 수 있다는 걸
왜 이제야 깨닫게 되었을까

사람은 종종 그렇게 뒤늦게 철이 들 수도 있나 보다

나그네 인생

목적도 뚜렷하지 않은 삶의 여정
이정표 없는 길로 힘들게 내딛는 발걸음
억척같은 세월의 틈새로
눈시울 적시고 찬바람 맞으며
빈 손 나그네로 떠나는 우리

가진 것 없어 사는 길 힘하고 어려워도
비겁하게 살지 말자던 우리
배운 것 없어 가는 길 거칠고 힘들어도
부끄럽게 살지 말자던 우리
구름 나그네로 흘러갑니다

내 사랑 미흡하여 내 정성 부족하여
함께 있어도 언제나 외로움 타던 그대
나그네로 떠도는 길 어둡고 험해도
언제나 내 사랑 따뜻한 온기 돋기를 바라며
그대 포근히 감싸는 햇살 됩니다

잡초 많고 돌부리 많은 세상
우리가 뿌린 사랑 아름다운 열매 맺기 위해
우리 한 숨 바람 되고 눈물 거름 되어
서로 흡족한 단비로 내립니다

과거는 어떤 것이든 추억이 되고
현재는 항상 고통과 아픔만 가득해도
미래는 언제나 꿈으로 다가오는 것
우리 인생 늘 오가는 나그네로 살아도
사는 길 모두가 인생입니다
정처 없이 떠돈다 해도
영혼 맑은 그대의 향기로
행복은 언제나 우리 마음속에서 자라고
내일의 사랑을 위해 기도하는
행복한 나그네로 떠나갑니다

쌤에 대한 추억

우리 집은 연이어 삼십 여 년 넘게 애완견을 키웠다. 우리가 키운 모든 녀석을 다 추억하기는 그렇고 마지막 녀석에 대해 잠깐 생각해 본다.

푸들 쌤은 영리했다. 가족들에게 눈빛도 예뻤고, 애교도 대단했다. 세상의 모든 잡음 속에서도 신기하게 식구들의 발소리를 가려낼 만큼 똑똑했다. 제 엄마(?) 오는 발자국 소리는 반경 100m 정도 거리서는 족히 알아낸다. 내가 쌤이 영리하다고 하는 것은 정확히 내 서열이 4위라는 것을 알고 있었다는 것이다. 아무리 내가 서열 상승을 위해 온갖 먹거리를 상납하고 아양을 떨어도 절대 넘어오지 않는다. 역시 녀석의 평가는 정확하고 공정했다고 인정한다.

근래에 대형 참사가 자주 일어나 많은 인명피해가 생겼다. 너무 어이없고 안타깝다. 유족이 아니라도 끔찍하고 참담한 일이다. 유족으로서는 망연자실 했을 것이다. 사회적 지탄(?)을 받을지 모르겠지만 그렇게 끔찍한 참사에 나는 눈물이 나지 않았다.

쌤에게 서열 4위라도 좋다. 서열 4위에게도 다정한 눈빛은 준다. 단 둘이 있을 때 뿐 이지만 아양도 떨어준다. 내가 안아서 어를 때는 따뜻한 체온의 교감도 흠뻑 느낀다. 나에게도 발랑 누워

배를 보이는 경우도 제법 있었다. 대략 2년 반 전 1월에 15년 넘게 함께 살아온 쌤은 노환으로 곡기를 끊었다. 임종은 내가 지켰다. 몸이 굳어지고 차가워지는 과정을 하나 빠짐없이 나는 지켜보았다. 정말 하염없이 눈물이 났다.

대형사고로 많은 인간의 죽음 앞에는 안타깝고 끔찍할 뿐, 눈물은 없었고 기껏 애완견의 죽음에는 하염없는 눈물이라.

누구에게나 무엇보다 더 크게 울려오는 전율, 그것은 서로 교감하는 눈빛과 내 고막의 떨림으로 듣는 음성 그리고 따뜻하게 전해졌던 체온 탓 일 것이다. 노래 가사가 아니라도 사랑보다 더한 정이라는 것이다. 더군다나 우리 사람끼리 서로 간의 부재에 울지 않으려면 함부로 고운 눈길도, 다정한 말도, 따뜻한 체온이 전해지는 손잡음도 아껴두라. 그러나 이미 저질러진 이 세상 우리의 사랑과 정은 소리도 없이 흘러내릴 피보다 더 진한 끈적한 눈물을 미리 준비해두자. 영리했던 푸들 쌤을 마지막으로 우리 집 애완견은 사라졌다.

아름다움을 위하여
그리고 인생의 뼈아픈 굴곡이
종소리 닮은 영혼이 되어
화려하고 장엄하게 울릴 수 있도록
슬프면 슬퍼하고
기쁘면 기뻐하라
하나도 남김없이……

3부
운무를 벗하며

그림 김상수

사람 때문에

천 길 낭떠러지 위에
홀로 남겨진 절망감으로
한 번쯤 땅을 치며
통곡하고 싶지 않았던 사람
어디 있으랴.

강철 같은 힘으로 험한 세상
두려움 없이 사는 사람아
일보다 사람 때문에 세상살이가
힘겹다는 사람아

누구나 입 밖에 낼 수 없는
욕망과 절망이 너무 깊고 아려서
살아있는 모든 것은 아픔이다
살아있는 모든 것은 슬픔이다

아픔과 슬픔 속에서도 꾸역꾸역
우리는 살아 내어야지
그게 우리가 인생살이 하면서
오로지 이기는 길이니까

승리의 면류관이 구름 한 조각뿐일지라도
화려한 영광이 바람 한 점뿐일지라도

바라보고 있어도 그리운 사람
언제나 마음 주는 따뜻한 사람
그런 사람 하나쯤 있다면
사람 때문에
살아가야 하는 이유는 충분하니까

고장 난 시계

세상 돌아가는 일에
너무 숨차서
두 손 들고 서 버렸다

세상 살아가는 일에
너무 힘들어
좀 쉬었다 가고 싶어
소리 없이
멈추어 버렸다

겨울 등나무

열린 창문으로
무심코 앞뜰을 바라보니

잎들은 거의 지고
덩굴만
뱀처럼 또아리를 틀었다

계절이 바뀌면
가슴에는 항상
힘에 겨운 찬바람이 인다

마른 나뭇가지 흔들며
허허로이 지나가는
바람의 뒷모습이
부럽기만 하다

나는 언제쯤
덩굴처럼 엉긴 인연
풀어내면서
뱀처럼 지혜롭게
살 수 있을까

내 육신 이대로 땅 위에 두더라도

이름도 모르는 병으로 병상에 누웠다
누가 부축해주어도 걸을 수조차 없다
걸어 다니는 사람의 평범한 일상이
나에게는 그저 놀라운 기적일 따름이다

새싹이 흙의 무게를 견디는 고통으로
스스로 부리로 알을 깨는 어린 새의 두려움으로
힘들게 살아가고 있는 내 삶의 고통과 두려움을
아는 이 있을까

젖은 솜으로 입을 틀어막은 듯
숨 막힐 듯 저려 왔던 외로움
아무도 모르게 질식할 것 같이 반복되는 일상
인생의 번민도 고뇌도 나에게는 큰 사치이고
어차피 누구나 혼자라서 고독하고 쓸쓸하다는 것도
더한 호사일 뿐이다

그저 이렇게라도
살아있다는 것만으로도 축복이고
더없는 은총임을 가슴에 아로새긴다
큰 은혜 받고 사는 이 세상
내 흔적 남기는 과오는 저지르지 말아야지

바람처럼 살고 구름처럼 머물며
강물에 얹혀 반짝이는 햇살처럼 살다 가야지

신이시여
내 육신 이대로 땅 위에 두더라도
단 한 번만이라도 나비 같은 내 영혼
푸른 하늘 자유롭게 훨훨 날 수 있도록
평화로운 마음의 길 열게 하여 주소서
진정 바다 같은 감동을 허락해 주소서
하늘이시여

- 구립 어느 요양원 견학기

사랑한다면……

누구라도 언제나
칭찬받고 싶은 갈증에 목마르고
인정認定받고 싶은 욕망에 허기지다

칭찬은 고래도 춤추게 하며
인정은 장미도 춤추게 한다
그들의 신명나는 춤사위는
푸른 하늘을 노래하며
사랑을 담아내는 흐뭇한 몸짓이다

충분하지 않아도 칭찬해주고
완전하지 않아도 있는 그대로
인해 주는 사람에게
사랑은 스스로 길 열어준다

사랑한다는 말보다
칭찬과 인정이 우리를 더 설레게 한다
사람과 사람 사이
솔직한 칭찬은 아름다운 꽃이고
온전한 인정은 길 밝히는 등불이다

사랑은 칭찬과 인정 속에 흐르는
향기로운 샘물이고 아름다운 물길이다
차고 넘치는 우리의 행복이다

사람아 사람아
사랑한다는 말보다 먼저
칭찬과 인정認定으로
꿈같은 사랑을 시작해보자

슬픔과 기쁨의 미학

슬프면 그 슬픔을 온전하게 느껴라
기쁘면 그 기쁨을 완벽하게 느껴라
슬프지 않은 척 기쁘지 않은 척
솟아나는 감정을 억누르지 마라

온몸으로 느끼며 살아간다는 것
이것이 곧 우리 삶의 보석이며
우리 생의 참된 가치이다

붉은 피를 뚝뚝 흘리며
바람에 휘날리는 동백꽃은
슬프지만 얼마나 장엄한 기쁨인가

어제 죽은 사람은 슬픔도 기쁨도 없다
오늘 소름끼치도록 느끼는
슬픔과 기쁨은 살아있는 맥박이다

간혹 슬픔과 기쁨의 틈새로 돋아나는
절망과 분노의 곪은 종기는
칼자국 선명하게 도려내어라

순수한 슬픔과 진정한 기쁨의
아름다움을 위하여
그리고 인생의 뼈아픈 굴곡이
종소리 닮은 영혼이 되어
화려하고 장엄하게 울릴 수 있도록
슬프면 슬퍼하고
기쁘면 기뻐하라
하나도 남김없이……

어디 없소

칼날에
살 베이듯

한 마디
듣는 말에
상처 받는
여린
마음들

할 말
못할 말
가리지 않고
마구 해도
상처 받지 않고
들어줄 이
어디 없소

마음의 크기

사람이 옹졸하기 시작하면
바늘 하나 꽂을 틈이 없고

사람이 너그럽기 시작하면
하늘도 옮겨 놓을 수 있다

정성이 없는 태도는
아무것도 없는 껍데기다

정성이 주는 감동은
정말 지극히
작은 사소함에 있다

그 사소한 정성이
누구에게는
바늘 하나 꽂을 틈이 없을 수도
하늘을 옮겨 놓을 수도 있다

내 마음의 크기는
누가 잴 수 있을까

일탈을 꿈꾸다

청자연적의 아름다움은 파격에 있다
나도 때때로 아름다운 일탈을 꿈꾼다
가던 길 벗어나 골목길을 기웃거리는 것은
멋진 호기심이자 지루해질 수 있는
일상의 시원한 숨통이다

다른 사람이 어느 길을 가든
상관하지 않고 관섭도 하지 말자
그리고 내 길과 비교도 하지 말자
우리 삶이 괴로운 것은 비교하기 때문이다
살아있는 나만의 즐거운 일탈을 뜻하지 않은
조그마한 일에서 행할 때도 있다

간혹 소식 끊긴 친구를 다시 만나
거나하게 술을 마셔 대취하는 일
자주 만나는 모임에 최대한 멋 부리고
폼 잡고 으스대며 나가는 일
처음 가는 주막집에 예쁜 아줌마가 있으면
빈 주머니에도 호기롭게 적은 봉사료를 드리는 일
택시요금 거스름돈을 백 원까지 챙기면서
간혹 이삼천 원은 받지 않고 내리는 일
이런 일들이 나의 작은 일탈이라면 일탈이다

내 일탈을 청자연적에 비유한 것도
또한 나의 작은 반란이자 무식한 일탈이리라
남이 사는 길에 곁눈질하지 않고
오늘도 간혹 내가 생기 있게 살아나는
나만의 멋진 일탈을 꿈꾸어 본다

인생

세월은
가는 것일까
오는 것일까

강물은
흘러가는 것일까
흘러오는 것일까

세월은 가고 오고
강물도 흘러가고 흘러오고
끝없이 가고 오는데

나만 홀로
쉼 없이 가기만 한다

이상한 일

거미는 거미줄에 걸리지 않고
뱀은 뱀독에 죽지 않는다
그러나 잠자리는 거미줄에 걸려 죽고
개구리는 뱀에 물려 죽는다

사람이 품은 분노와 증오에도
자신은 죽지 않는다
그러나
잘못한 일도 없는 잠자리와 개구리처럼
잘못 없이 분노와 증오를 당한 사람은
슬프고 아파서 죽는다

참 이상한 일이다

생명은 슬프다

생명 있는 모든 것은 슬프다
사람이나 동물이나 식물이나
살아있는 것은 유한하고
흔적 없이 사라지기 때문이다

호의호식하며 칠팔십 년을
산다 해서 무엇이며
평생을 황제처럼 살다 간다
한들 무엇인가

그저 사는 동안 마음 편하고
즐겁게 살다가야지
움켜쥐지 말고 서로 나누면서 살다
흔적 없이 사라져야지
내가 있고 없고
내 살아온 길 누가 알고 모르고
그게 어떠하며 다 무슨 소용인가

바람처럼 걸림 없이 자유롭게 살다
흩어지는 구름처럼 흔적 남김없이
그렇게 사라져야지

생명 있는 모든 것은 슬프다
하늘의 바탕이 파란색인 것처럼
노을의 바탕이 붉은색인 것처럼
모든 생명의 바탕은 슬픈 색이다

유한하고
흔적 없이 사라지기 때문이다

그림 김상수

이제야 알았습니다

봄 길 아른거림이
아지랑이인 줄 알았는데
눈에 어른거리는 현기증이었습니다

여름 강모래가 반짝거려
금모래인 줄 알았는데
깨어진 사금파리였습니다

가을 나뭇잎이 발갛게 물들어
단풍인 줄 알았는데
벌레 먹은 나뭇잎이였습니다

아! 그대 눈가에 맺힌 눈물이
사랑인 줄 알았는데
젖은 머리카락에서 흘러내리는
빗물이였습니다

나의 지독한 착시인 줄 이제야
알았습니다
세상은 내가 보는 대로가 아니고
또 보이는 대로도 아니라는 것을
이제사 알았습니다

아무것도 아니어도 좋다

막 피어나는 들꽃처럼
사람들이 좋아하는 소박한 꽃이
아니어도 좋다

길고 담담히 흐르는 강물처럼
유연하고 거침없이 쓰 내려간 시가
아니어도 좋다

애틋하게 사랑을 그리워하고
흐르는 세월을 아쉬워하는 노래가
아니어도 좋다

지금 내가 연명하듯
살아가고 있는 날들이 아니라
선혈 같이 뜨거운 마음으로
심장 뛰듯이 열심히 살아보고 싶은
하루하루들
나 스스로에게 소원하며
하루라도 그렇게 살 수 있다면

나는 아무에게도
아무것도 아니어도 좋다

부탁합시다

한 세상 살다간 영혼이여
언제쯤 나도 이 세상 살다 가면
험한 세상 어렵고 힘들게
살다 왔다고 위로해 주시고

이 세상 살고 있는 사람아
이웃하는 벗이여
뜻대로 욕심대로 살지 못해도
거친 세상 상처받고 아프게 살아도
참고 사는 거라고
어깨 토닥거려 주세요

이승 저승 세상 모든 이여
그렇게 위로하고 토닥거려 주시면
세상살이 조금은 편안하고
힘내어서 살 수 있을 텐데……

제발 부탁 좀 합시다

자화상

머리에 든 것이 없습니다
가슴에 따스함도 없습니다
손 역시 아무것도 없는
빈손입니다

가져야 할 것은 하나도 없고
버릴 것만 가득한 놈입니다

나는 쓸모 하나 없는
그런 놈입니다

그리고 흘러가는 세월만
안타깝다고 생각하는
애달픈 놈입니다

나는……

나는 멋진 사람이 되기 위해 몇 벌의 옷을 샀다
나는 잘난 사람이 되기 위해 몇 권의 책을 읽었다
나는 대단한 사람이 되기 위해 몇 편의 시를 썼다

나는 정말 멋지고 잘나고 대단한 사람으로
맞선을 보기 위해 화려한 카페에 앉았다

상대를 혹하기 위해
전장의 용사처럼 투구 쓰고 갑옷 입고
긴 시간 동안 정신없이 장검을 휘둘렀다

멋지고 잘나고 대단하게 보이기 위해
세련된 익숙한 검무를 추었으나
그녀는 석고상처럼 무표정하게
나를 바라만 보고 있었다
포획한 포로를 다루 듯 나는 무례했고
자신 있고 당당했다

완전히 나에게 제압당한 듯한 그녀에게
나는 굴복을 강요했고 다투어 항복을 요구했다
체념한 듯한 나의 포로는
초점 없이 허공을 응시하다
절명의 순간에 나에게 마지막 일격을 가했다

멋진 사람보다 따뜻한 사람이
잘난 사람보다 진실한 사람이
대단한 사람보다 그저 좋은 사람이

'나는 좋더라'

멋지고 잘나고 대단하다고 생각한 내가
회심의 비수 일격을 급소에 맞고
반격할 여력도 없는 패잔병이 되어
그 자리에서 숨 쉴 틈도 없이 꼬꾸라지고 말았다

화염이 피어나는 치열한 전장에서
화려한 카페의 조명이 나를 조롱하듯 입회한
그 자리에서 나는 바로 처연하게 항복했다
나는……
바로 차였다

빛과 그림자

어떤 일이 일어났느냐가 문제가 아니라
그 일을 어떻게 받아들이느냐가 문제다

동전의 양면이라는 말이 있지만
세상사 모든 일에도 언제나 양면은 있다

어디에 서서 어느 각도로 보느냐에 따라
형상학적으로 시간적 공간적 사실에
너무나 많은 차이가 난다

물컵에 물이 반밖에 남지 않았다는 생각과
반이나 남았다는 생각 사이에
인식의 간격은 천당과 지옥처럼
엄청난 괴리를 초래한다

우리가 순간순간 느끼는
희로애락 생로병사 어느 것에도
인식의 틀을 어디에 세우고
어느 각도에서 보고 생각하느냐에 따라
인지의 질량은 빛과 그림자처럼
확연히 다르게 구분된다

긍정적인 생각, 적극적인 사고, 배려하는 마음
열정적인 태도, 겸손한 자세, 절제하는 미덕 등
빛의 방향으로 우리의 시선과 인식을 바꾸자
반대 개념도 분명 동전의 양면처럼 존재한다
뒤로 돌아서서 그림자를 보지 말고
앞에서 비치는 빛을 보자

세상사 큰일이나 작은 일이나
어떤 일과 마주한다 해도 태양이 있는 하늘을 보자

어떤 일이 일어났느냐가 문제가 아니라
그 일을 어떻게 받아들이느냐가 문제다

낚시

사람아
함부로 낚싯바늘에 미끼 끼워
낚싯줄 강물에 던지지 마라
혹시 새끼 먹이기 위해 미끼 문 어미라면
자신이 죽는 것은 부주의함과 방심한 죄 크다 해도
새끼 두고 떠나는 어미 심정을 하늘은 알까

사람아
낚싯대 강물에 드리우지 마라
돌아오지 않는 어미 애타게 기다리는
새끼는 무슨 죄를 지었는가
살지 죽을지 모르는 새끼의 운명은
누가 좌지우지하는가

사람아 사람아
낚싯대 끝과 끝
살기 위해 몸부림치는 어미의 사투와
너의 취미와 손맛 느끼는 쾌락을
비교한다면 어느 것이 더 중하고 무겁겠느냐

너의 취미와 손맛이라는 쾌락을 위해
함부로 낚싯대 만들지 마라

보이스 피싱

남들이 보이스 피싱을 당했다는 이야기를 들으면 별 대수롭지 않게 생각했다. 교수도 의사도 심지어 검사도 보이스 피싱을 당했다는 뉴스를 접하곤 '바보' 하며 웃어 넘겼다. 그런데 오늘 나도 K 카드사에서, 구매한 일도 없는 갤럭시 S10 할부 구매 대금 448,000 원이 결제됐다는 안내 문자가 왔다. 전화기에 찍힌 번호로 전화를 했다. 전후 사정을 이야기 하니 보이스 피싱이란다. '육실한 놈들' 카드사 직원은 친절하게 경찰청 사이버 수사대로 수사를 의뢰하겠단다. 고맙고 고마운 카드사 직원이다. 감사하다는 인사를 몇 번이나 했다. 한 시간 쯤 뒤 사이버 수사대 박ㅇㅇ 경위라면서 전화가 왔다. K은행 문래동 지점에서 올 3월 26일 내 이름으로 통장이 개설되었단다. 박ㅇㅇ 경위는 월요일 CCTV를 살펴, 불법으로 통장 개설한 범인을 조속히 검거하겠단다. 피해 금액은 본인 확인 없이 통장을 발급한 은행에서 전액 보상한단다. 정말 대단한 대한민국이여!!! 속으로 조국에 대한 존경심이 저절로 솟아났다. 추가 피해도 예상된다며 이것저것 물어도 보았다. 나는 성실히 답변했고 추가 정보도 제공했다. 대한민국 사이버 수사대 파이팅!!!

퇴근해서 본인 동의도 없이 통장을 발급해준 K 은행에 항의하기 위해 K 은행 본점 고객센터로 전화를 걸었다. 그런데 상담하는 아가씨가 몇 마디 듣더니 두 번씩이나 말을 가로챘다. 아니 고객의 전화에 말을 끊다니. '제기랄' 짜증이 조금 났다. 그래도 화가 오르는 걸 느끼며 최대한 화를 자제했다. 술을 먹을 때 술이 오르는 것을 느끼는 것처럼 화가 오르는 것을 느끼면 화를 억누를 수 있다. 대단한 인내심이다. 그렇게 마음을 진정하고 좀 차분히 상담원 아가씨의 말을 경청했다. 착하고 잘 한 일이다. 그 상담원 아가씨는 그런 경우가 너무 많아 두 서너 마디 듣고는 내가 따지려고 했던 말 그대로 전한다. '제기랄 이게 뭐람 병신'

그러니까 카드사 전화번호도 사이버 수사대 전화번호도 다 가짜였고 보이스 피싱 일당들이었다니 '나 원 참' 전화내용을 조금 듣던 아내가 나를 보고 '바보' 한마디 던지고는 등을 싱크대로 향했다. 아!! 꿉꿉한 금요일이여.

보이스 피싱뿐만 아니라 우리 인생이 나도 모르는 사이에 남에게 이렇게 휘둘리고 있는지 모를 일이다. 나도 모르는 사이에 내 인생이 이렇게 휘둘려서 결정된다면 너무나 아찔하고 참담한 일이 아니냐.

아! 바보 같은 똑똑이여. 이렇게 휘둘리며 사는 인생이여.

우정보다 좋은

사랑이라는 말은 전혀 어울리지 않고
우정이라는 말도 어쩜 생소하다
인연이라는 말도 하지 말자
서로 무엇이라는 말은 하지 말자

바람이 무심히 불어오듯이
강물이 그냥 흘러가듯이
우리도 무심히 그냥 어울리자
마음 터놓으며 서로 좋아하는 사람
하고 싶은 이야기 마냥 해도
즐겁게 귀 기울여 듣는 사이
그냥 좋아서 보고 싶은 사이

'그냥 좋다'는 말이
사랑과 우정 또는 인연이라는 말보다
더 좋은 말이라는 것을 이제야 알았다

누구에게도 하지 못할 이야기
우리 생의 마지막 순간에 간절히
하고 싶은 이야기 서로 나누면서 살자

이 세상 살아가면서
너무 격의 없어 실수하기보다
먼 듯 가까운 듯 무례하지 않고
불현듯 생각나서 그저 보고 싶은 사람
그렇게 만나면서 살자

우리도 모르게 몸에 흐르는 피 같은
그런 친구가 되어 만나자

가을과 겨울 사이

간다 간다 하더니
끝내 속절없이 가버린
사람아

닫힌 덧문에 스치는 바람처럼
부질없이 그렇게 떠나간
사람아

가을과 겨울 사이
눈에 아련히 밟히는
힘에 겨운 정만 남겨놓고

달빛 젖은 들꽃 무심히 지듯이
나누던 마음 소리 없이 거두고
덧없이 떠난 사람아

간다 간다 하더니
향불 가지런히 밝고
한마디 작별 인사도 없이
무심하게 떠나버린
사람아

말없이 간다 해도
아무 미련 없이 뒤돌아보지 말고
편안히 잘 만 가시게나